O Piano e a CRIANÇA

Heitor Villa-Lobos

Brinquedo de Roda, Petizada,
Primeira Suíte Infantil, Segunda Suíte Infantil,
Histórias da Carochinha e Cirandinhas

Nº Cat.: 333-A

Irmãos Vitale Editores Ltda.
vitale.com.br
Rua Raposo Tavares, 85 São Paulo SP
CEP: 04704-110 editora@vitale.com.br Tel.: 11 5081-9499

© Copyright 2011 by Irmãos Vitale Editores Ltda. - São Paulo - Rio de Janeiro - Brasil.
Todos os direitos autorais reservados para todos os países. *All rights reserved.*

Créditos

Gustavo Rodrigues Penha
REVISÃO MUSICAL *

Luciana Mello e Monika Mayer
CAPA

Fabiana de Almeida Pires
PROJETO GRÁFICO

Roberto Votta
COORDENAÇÃO EDITORIAL

Fernando Vitale
PRODUÇÃO EXECUTIVA

* A presente revisão musical foi realizada a partir das edições disponíveis.

CIP-BRASIL. CATALOGAÇÃO NA FONTE
SINDICATO NACIONAL DOS EDITORES DE LIVROS - RJ.

V761p

Villa-Lobos, Heitor, 1887-1959
O piano e a criança / Heitor Villa-Lobos. - São Paulo : Irmãos Vitale, 2011.
96p.
"Brinquedo de roda, Petizada, Primeira Suíte Infantil, Segunda Suíte Infantil, Histórias da Carochinha e Cirandinhas"

ISBN 978-85-7407-347-7

        1. Música para piano.
        2. Partituras.
        3. Canções infantis.
          I. Título.

11-7545.

CDD: 786.2
CDU: 780.616.432

08.11.11   17.11.11   031272

Índice

Brinquedo de roda
Tira o seu pezinho...	6
A moda da carranquinha..	8
Os três cavalheirozinhos...	10
Uma, duas angolinhas..	12
Garibaldi foi à missa..	14
Vamos todos cirandar...	16

Petizada
A mão direita tem uma roseira..	20
Assim ninava mamã..	22
A pobrezinha sertaneja...	24
Vestidinho branco...	26
Sací...	28
A história da caipirinha..	30

Primeira Suíte Infantil
Bailando..	34
Nenê vai dormir..	37
Artimanhas..	39
Reflexões..	41
No balanço..	44

Segunda Suíte Infantil
Allegro..	48
Andantino..	51
Allegretto..	53
Allegro non troppo..	55

Histórias da Carochinha
No palácio encantado..	58
A cortesia do principezinho..	60
E o pastorzinho cantava..	62
E a princesinha dançava...	64

Cirandinhas
Zangou-se o cravo com a rosa..	68
Adeus, bela morena..	70
Vamos maninha..	72
Olha aquela menina..	74
Senhora Pastora..	76
Cai, cai, balão..	78
Todo mundo passa..	80
Vamos ver a Mulatinha...	82
Carneirinho, carneirão..	84
A canoa virou...	86
Nesta rua tem um bosque...	89
Lindos olhos que ela tem..	92

Brinquedo de Roda

Tira o seu pezinho

H. Villa-Lobos

A moda da carranquinha

H. Villa-Lobos

Os três cavalheirozinhos

H. Villa-Lobos

Uma, duas angolinhas

H. Villa-Lobos

Garibaldi foi à missa

H. Villa-Lobos

Vamos todos cirandar

H. Villa-Lobos

Petizada

À minha afilhadinha Izaht

A mão direita tem uma roseira

H. Villa-Lobos

Á minha afilhadinha Izaht
Assim ninava mamã

H. Villa-Lobos

© Copyright by Ernesto Augusto de Mattos - Rio de Janeiro - Brasil
© Copyright assigned 1940 e 1976 to Irmãos Vitale S.A. Ind. e Com. - São Paulo - Brasil

Á minha afilhadinha Izaht
A pobrezinha sertaneja

H. Villa-Lobos

Á minha afilhadinha Izaht
Vestidinho branco

H. Villa-Lobos

Á minha afilhadinha Izaht
Sací

H. Villa-Lobos

© Copyright by Ernesto Augusto de Mattos - Rio de Janeiro - Brasil
© Copyright assigned 1940 e 1976 to Irmãos Vitale S.A. Ind. e Com. - São Paulo - Brasil

À minha afilhadinha Izaht
A história da caipirinha

H. Villa-Lobos

Primeira Suite Infantil

Bailando

H. Villa-Lobos
Rio, 1912

Movimento de minuetto (più animato)

Nenê vai dormir

H. Villa-Lobos
Rio, 1912

a tempo
poco rall.
Tempo Iº
rall.
sf
rit.
a tempo
p
cresc.
p
animando
rall.
meno
p
rall.

Artimanhas

H. Villa-Lobos
Rio, 1912

cresc.
f
dim.
poco a poco
poco rall.
a tempo
sf> pp
mf cantabile
rall.
a tempo
rf> pp
f
cresc.
animando poco a poco
poco rall.
1.
a tempo
poco rall.
2.
p dim. e poco rall.

Reflexões

H. Villa-Lobos
Rio, 1912

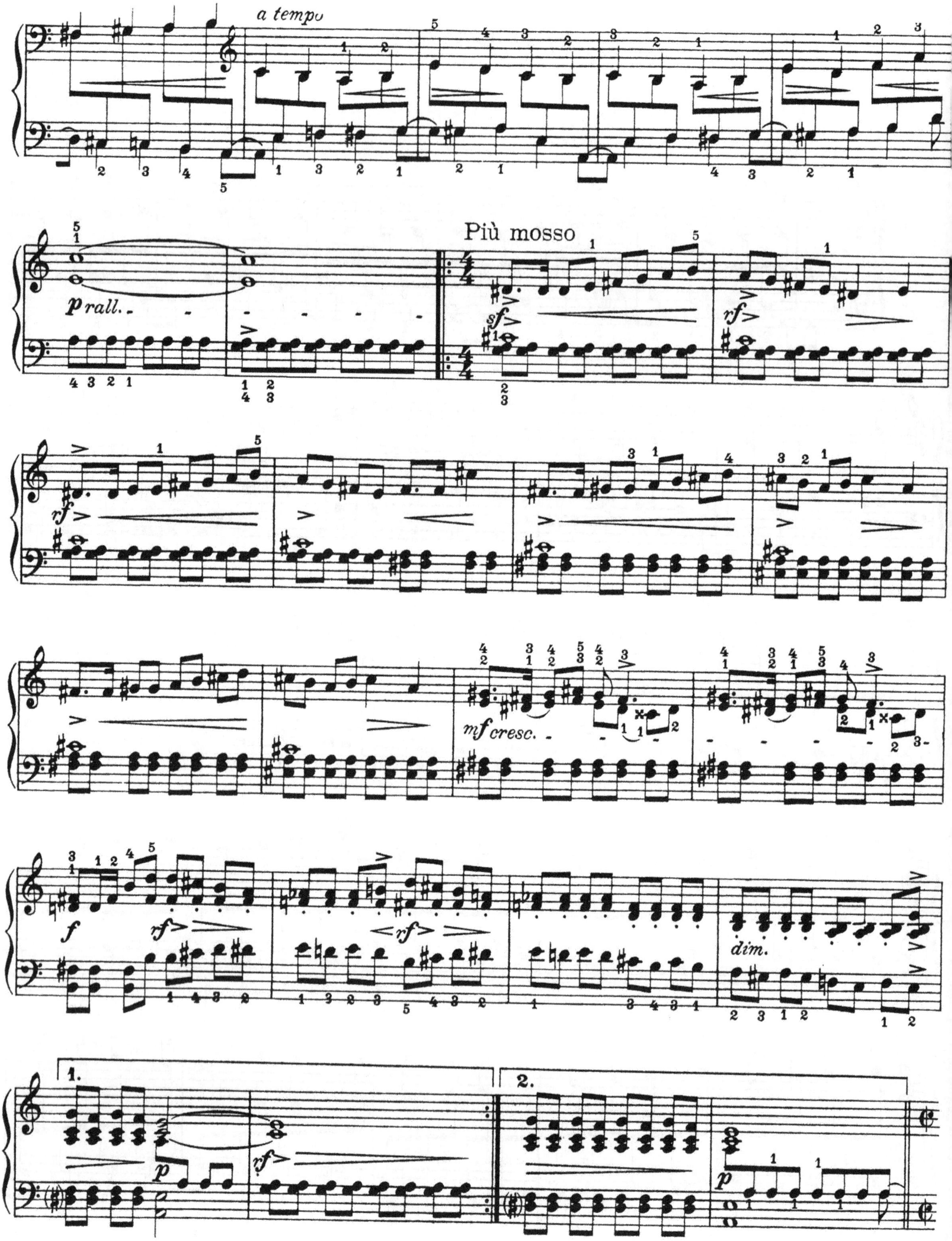

a tempo
p rall.
Più mosso
sf
rf
mf cresc.
f
dim.
p
1.
2.

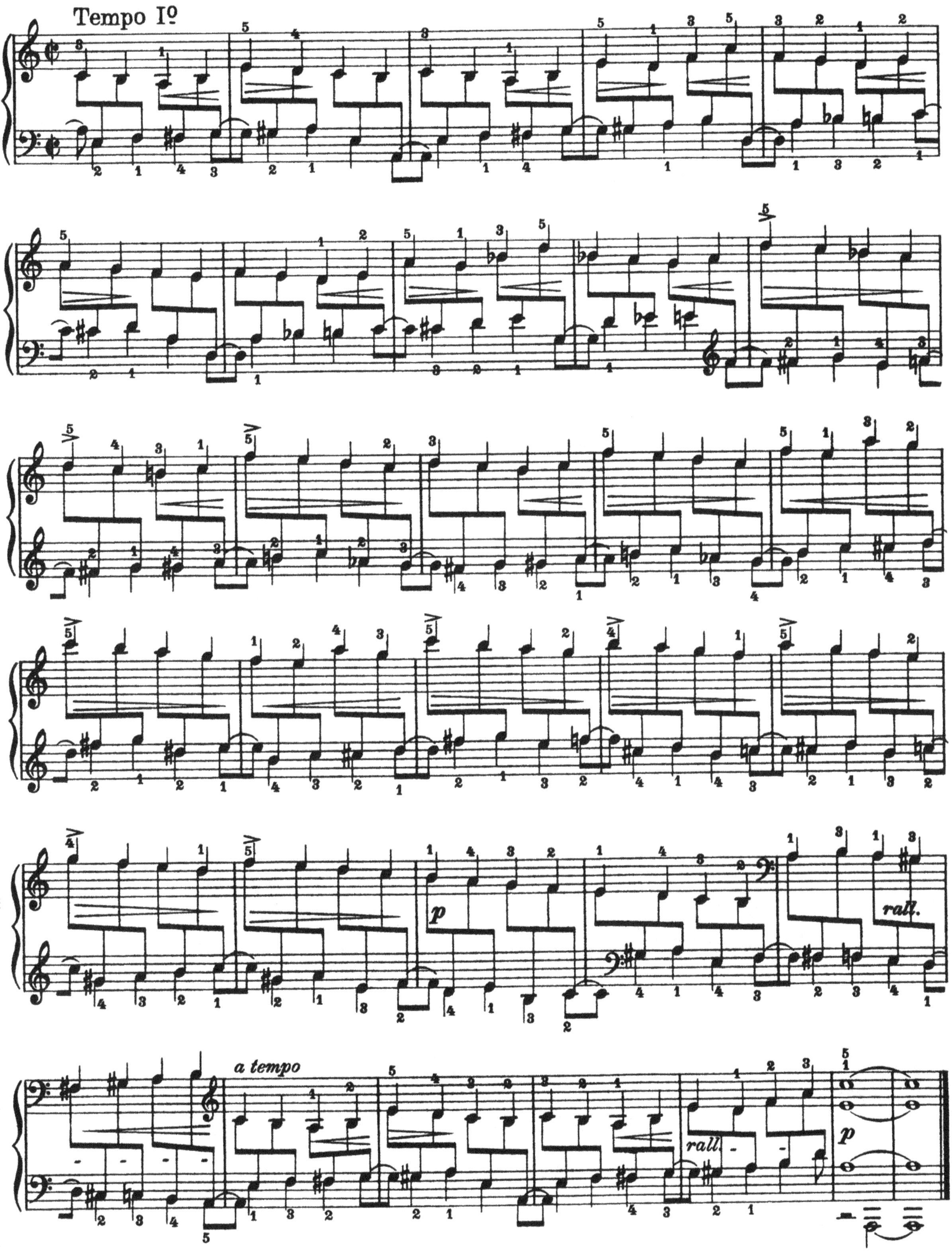
Tempo Iº
p
rall.
a tempo
rall.
p

No balanço

H. Villa-Lobos
Rio, 1912

Allegro non troppo

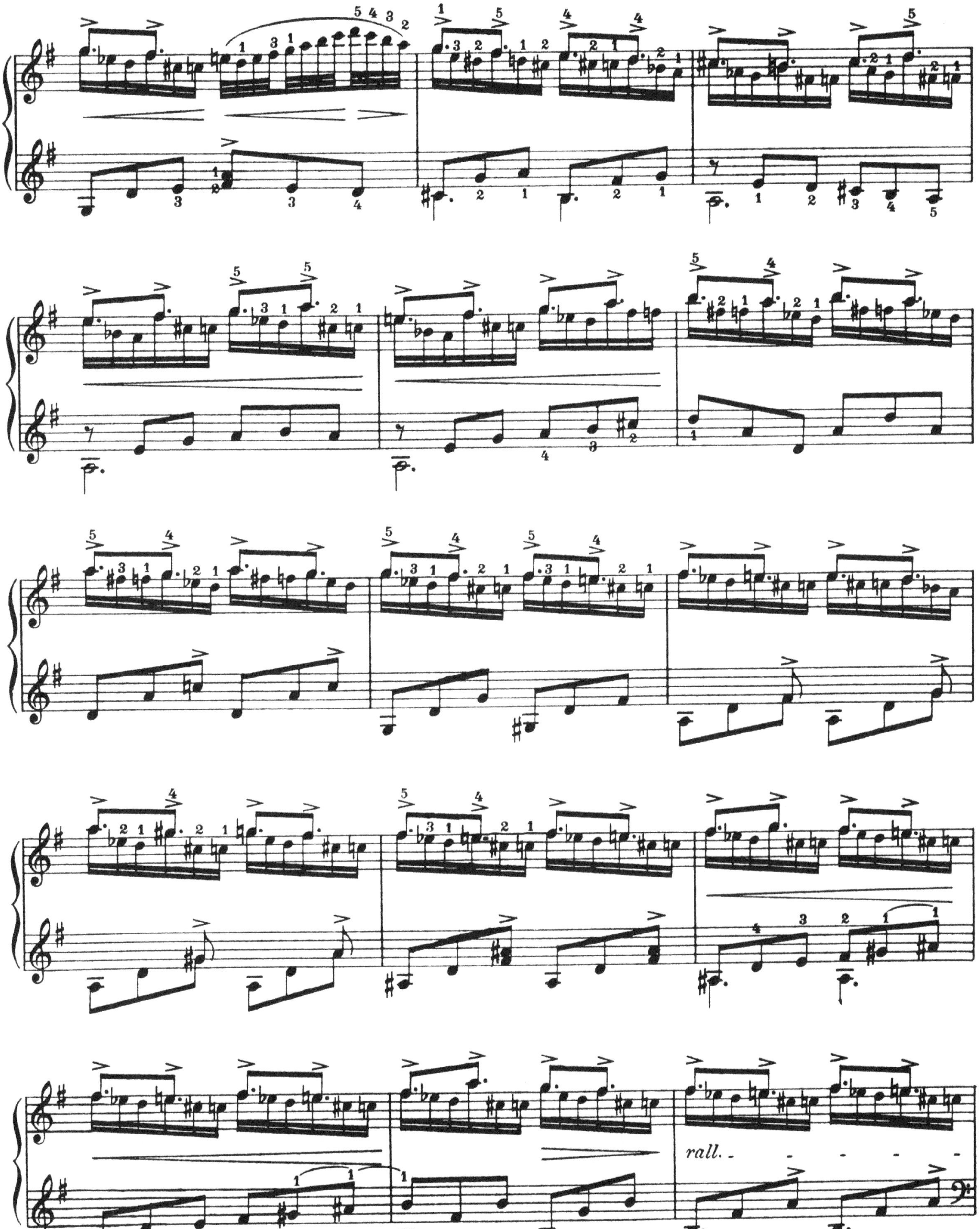
rall.

O PIANO E A CRIANÇA

Segunda Suite Infantil

Ás pequeninas alunas de minha mulher
Allegro

H. Villa-Lobos
Rio, 1913

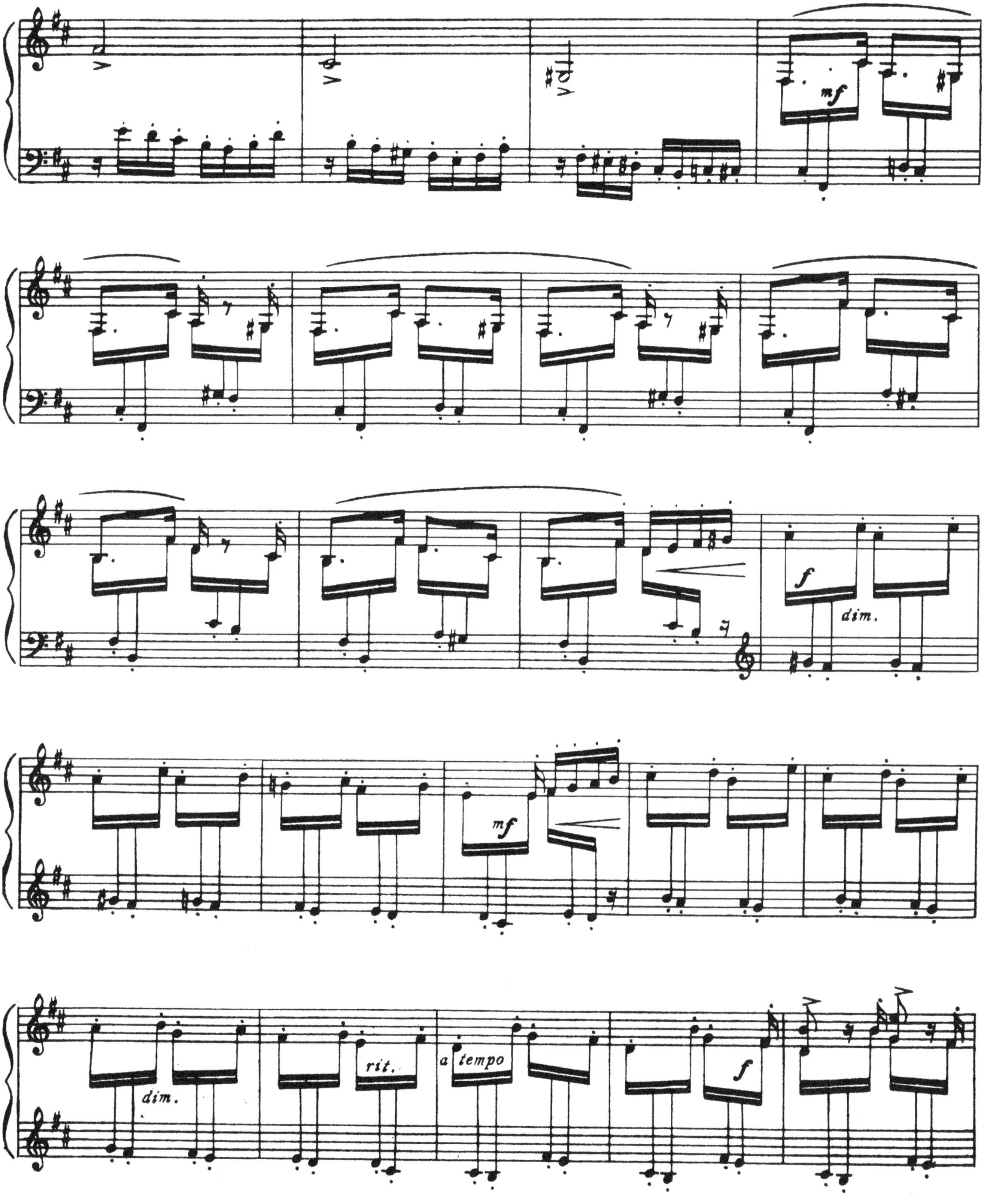
mf
f
dim.
mf
dim.
rit.
a tempo
f

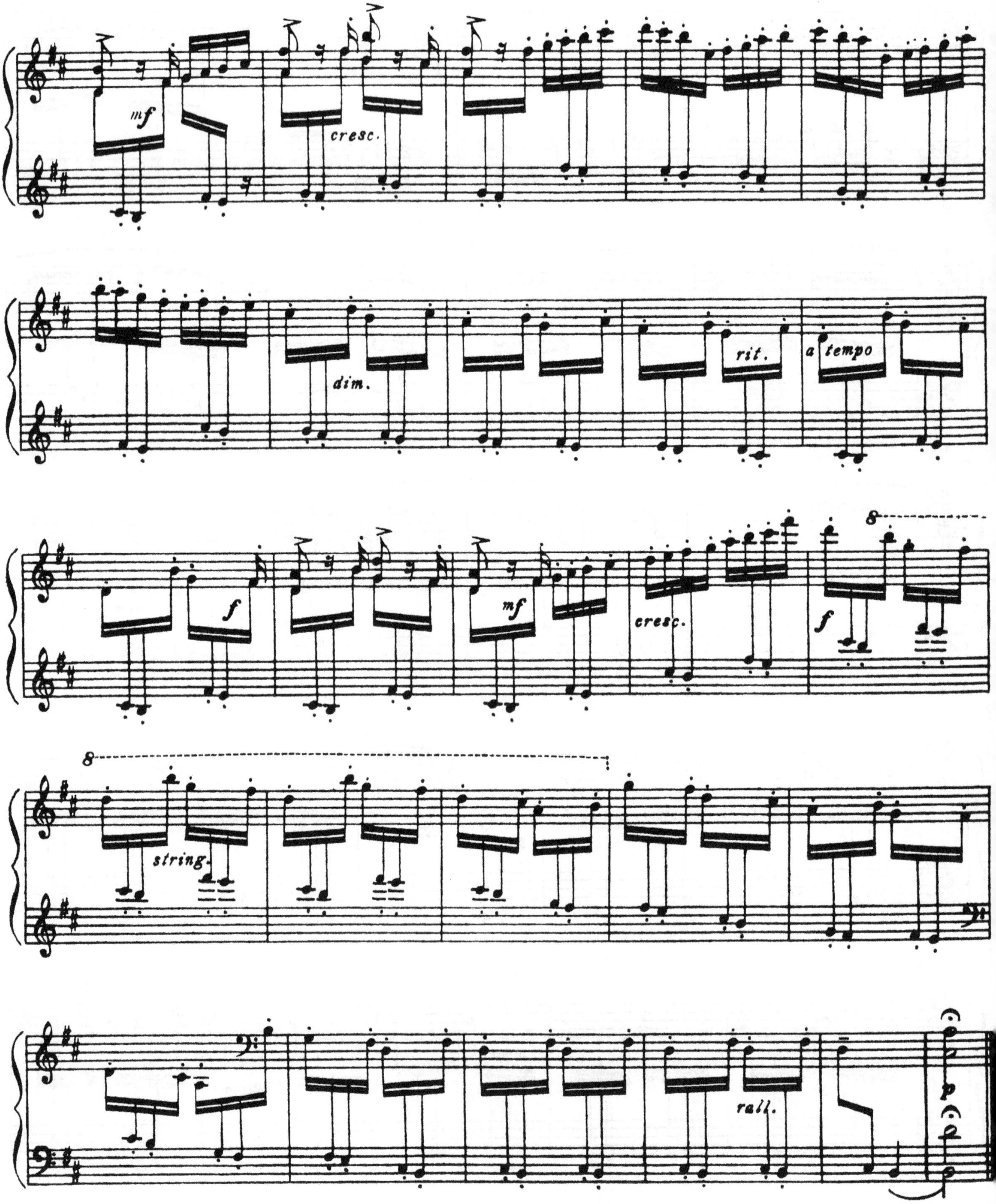
mf
cresc.
dim.
rit.
a tempo
f
mf
cresc.
f
8
8
string.
rall.
p

Andantino

H. Villa-Lobos
Rio, 1913

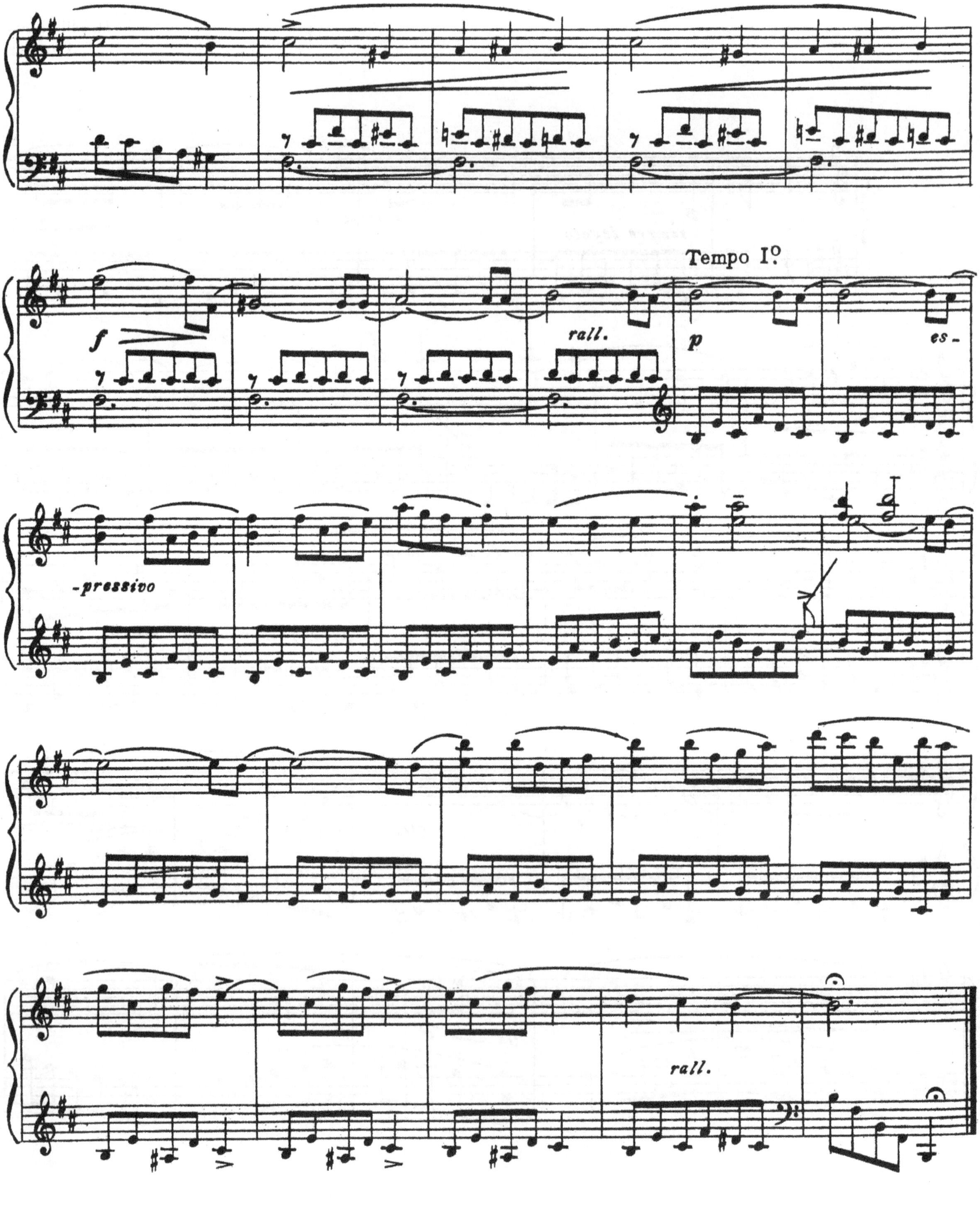
Tempo I°
f
rall.
p
es-
-pressivo
rall.

Allegretto

H. Villa-Lobos
Rio, 1913

Bem marcado o canto da mão esquerda

Tempo I°. *meno*

poco rall.

Allegro non troppo

H. Villa-Lobos
Rio, 1913

mf molto cantabile
rit.
a tempo
rit.
a tempo
f
p
f
sfz p
mf
cantabile
f poco a poco affret.
rall.

Histórias da Carochinha

Á Nylzóta

No palácio encantado

H. Villa-Lobos
Rio, 1919

a tempo
rall.
rall.
poco meno
ten.
rall.
a tempo
ten.
rall.
D.C. al 𝄋
al FINE

Á Abygarita
A cortesia do principezinho

Revisão, dedilhado, pedal e outras indicações de
Barrozo Neto
(Professor do Instituto Nacional de Música)

H. Villa-Lobos
Rio, 1919

Copyright © 1998 herdeiros de Heitor Villa-Lobos / Fermata do Brasil Ltda.

Poco più mosso
rall.
f
rall.
a tempo
a tempo I°
rall.
mf
Lento
rall.
f (con ironia)
ff

Á Russinha

E o pastorzinho cantava

Revisão, dedilhado, pedal e outras indicações de
Barrozo Neto
(Professor do Instituto Nacional de Música)

H. Villa-Lobos
Rio, 1919

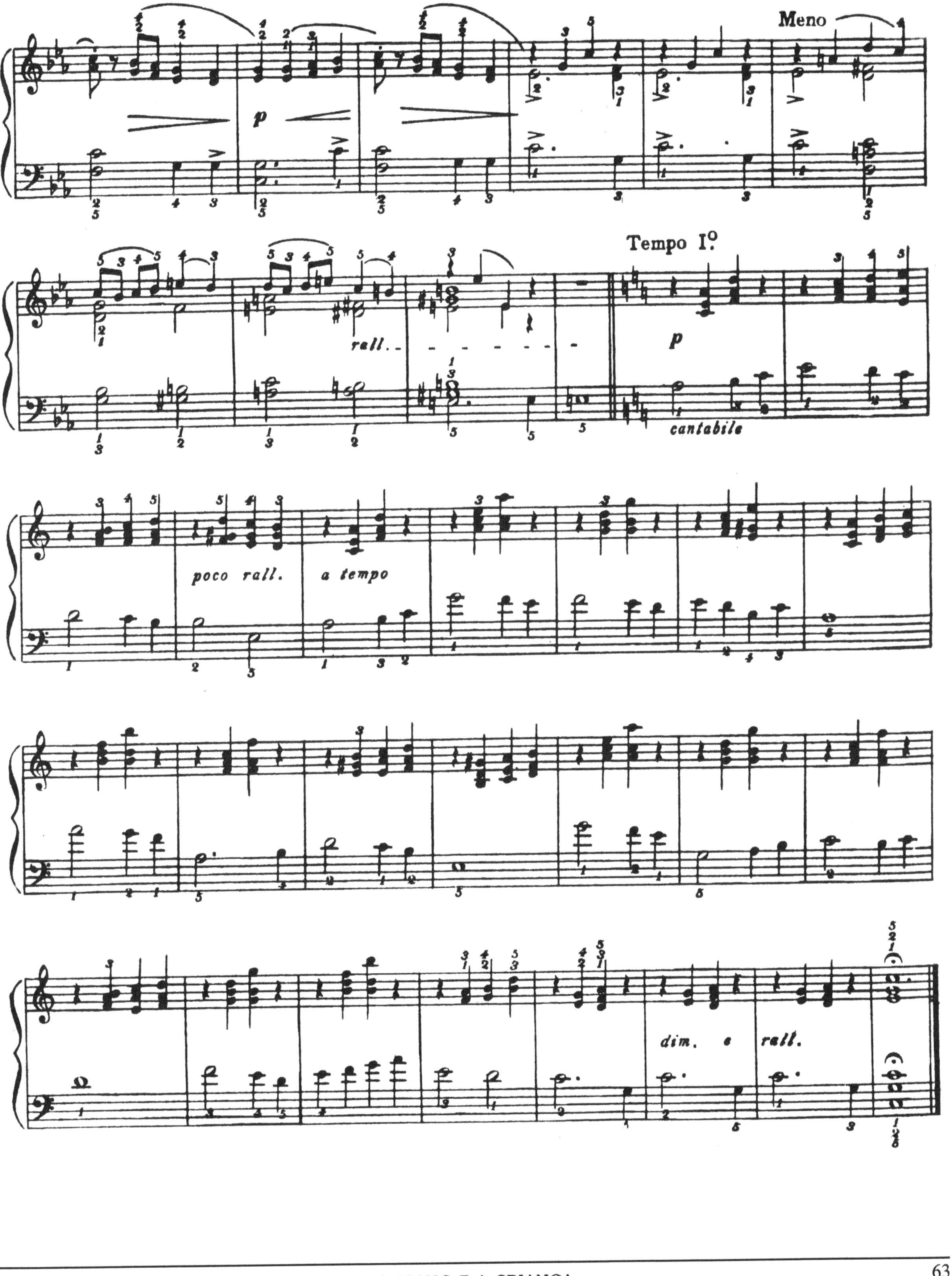
Meno
p
Tempo I°
rall.
p
cantabile
poco rall.
a tempo
dim. e rall.

Á Kilzóta
E a princesinha dançava

Revisão, dedilhado, pedal e outras indicações de
Barrozo Neto
(Professor do Instituto Nacional de Música)

H. Villa-Lobos
Rio, 1919

Tempo de gavotte

O PIANO E A CRIANÇA

Cirandinhas

Zangou-se o cravo com a rosa

H. Villa-Lobos
Rio, 1926

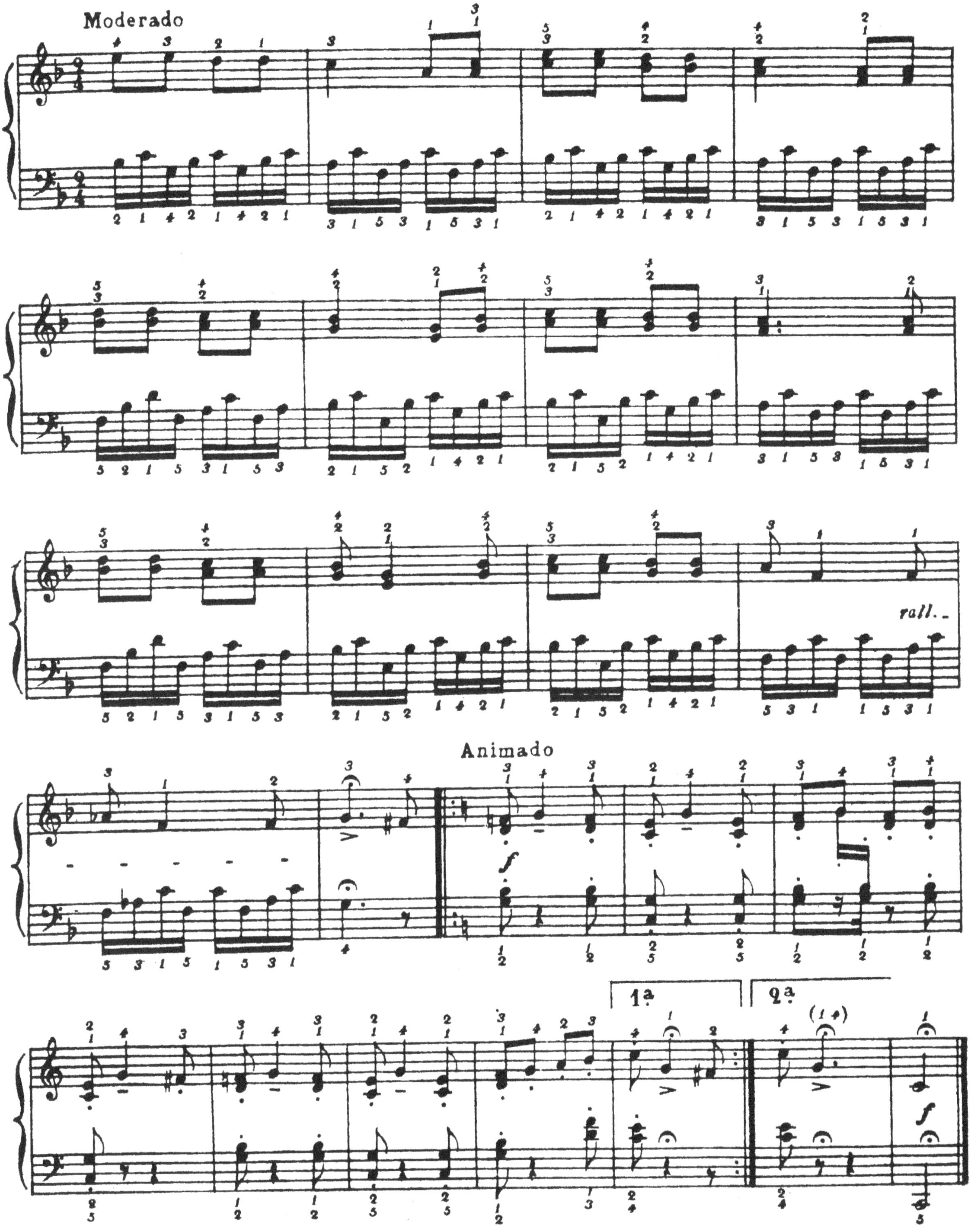
Moderado
rall.
Animado
1ª
2ª

Adeus, bela morena

H. Villa-Lobos
Rio, 1926

O PIANO E A CRIANÇA

Vamos maninha

H. Villa-Lobos
Rio, 1926

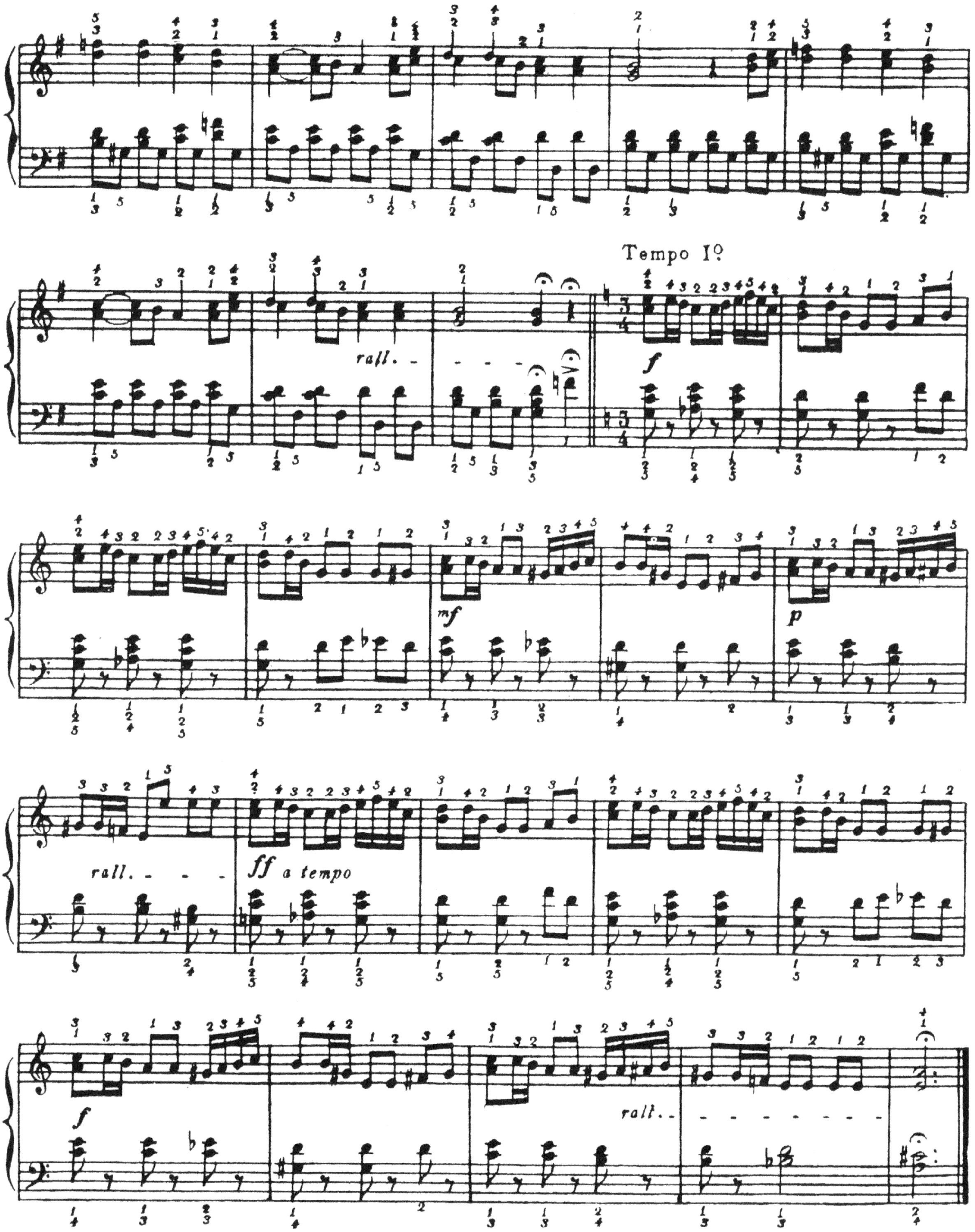
rall. -
Tempo I°
f
mf
p
rall. - - -
ff a tempo
f
rall. -

Olha aquela menina

H. Villa-Lobos
Rio, 1926

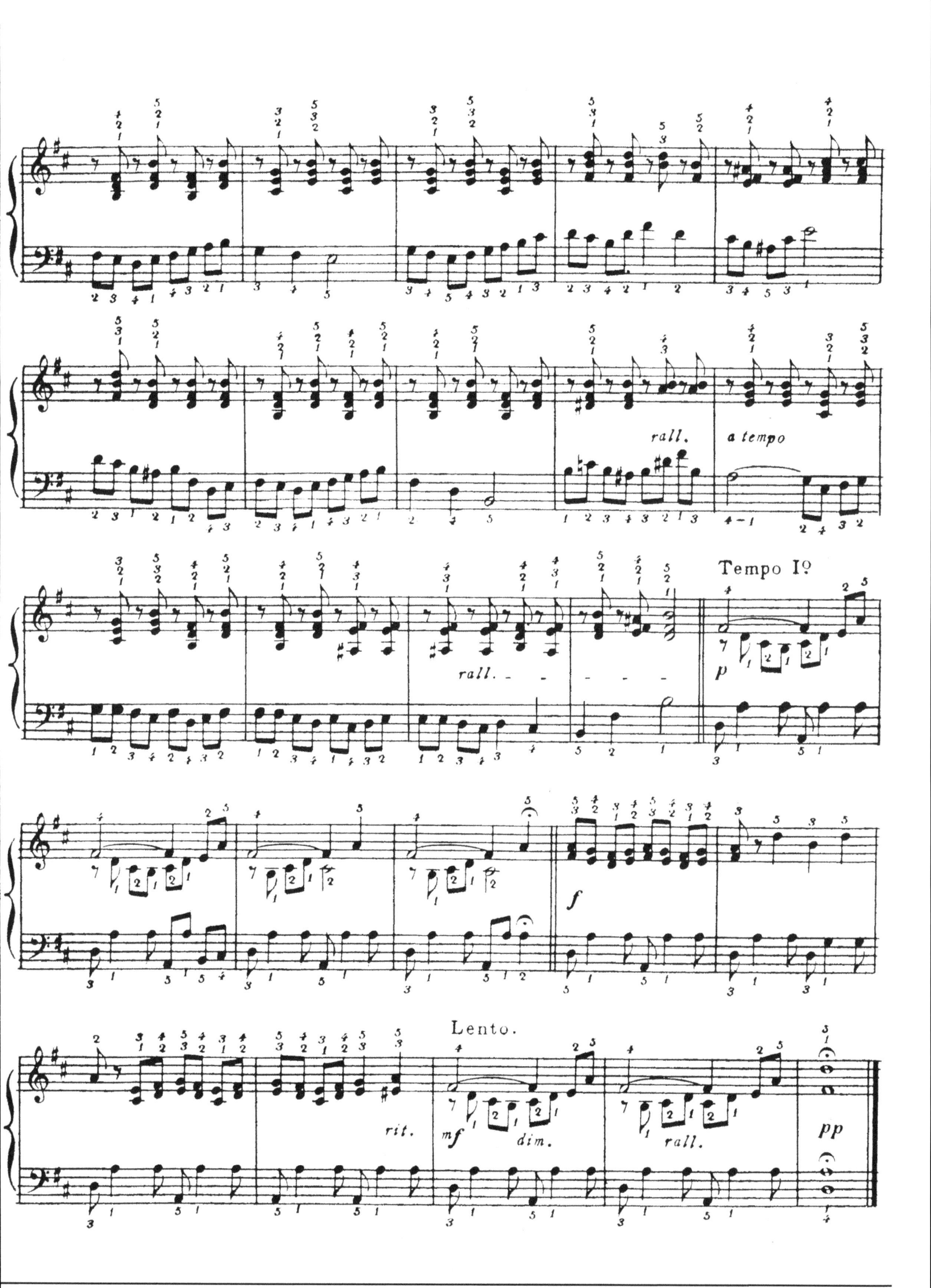
rall.
a tempo
rall.
Tempo Iº
p
f
Lento.
rit.
mf
dim.
rall.
pp

Senhora Pastora

H. Villa-Lobos
Rio, 1926

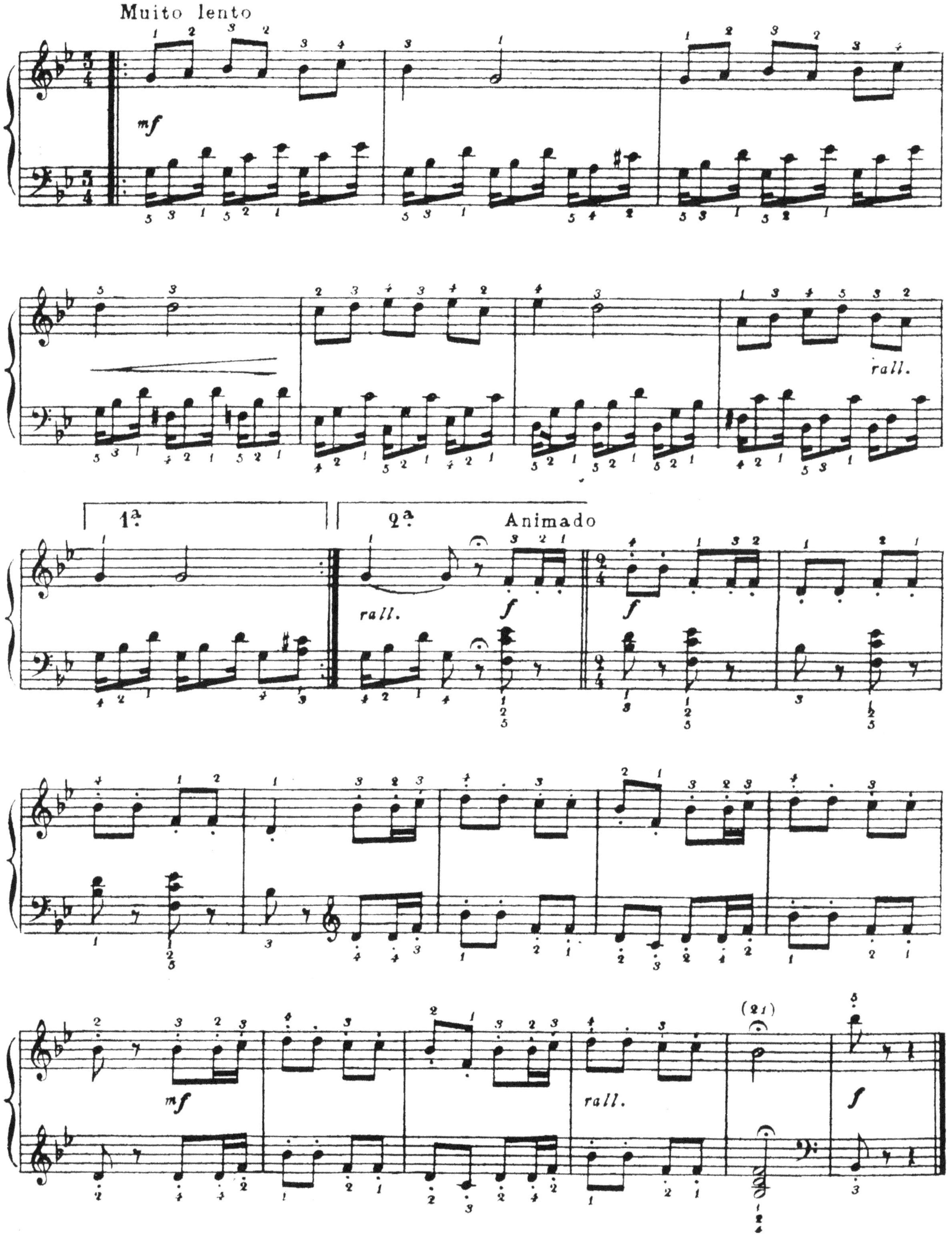
Muito lento
mf
rall.
1ª
2ª
Animado
rall.
f
f
mf
rall.
(21)
f

Cai, cai, balão

H. Villa-Lobos
Rio, 1926

Tempo I°
rall. - - - - - p
cresc.
anim.
rall.
mf a tempo
cresc.
pouco
a
pouco
f
pouco rall.

Todo mundo passa

H. Villa-Lobos
Rio, 1926

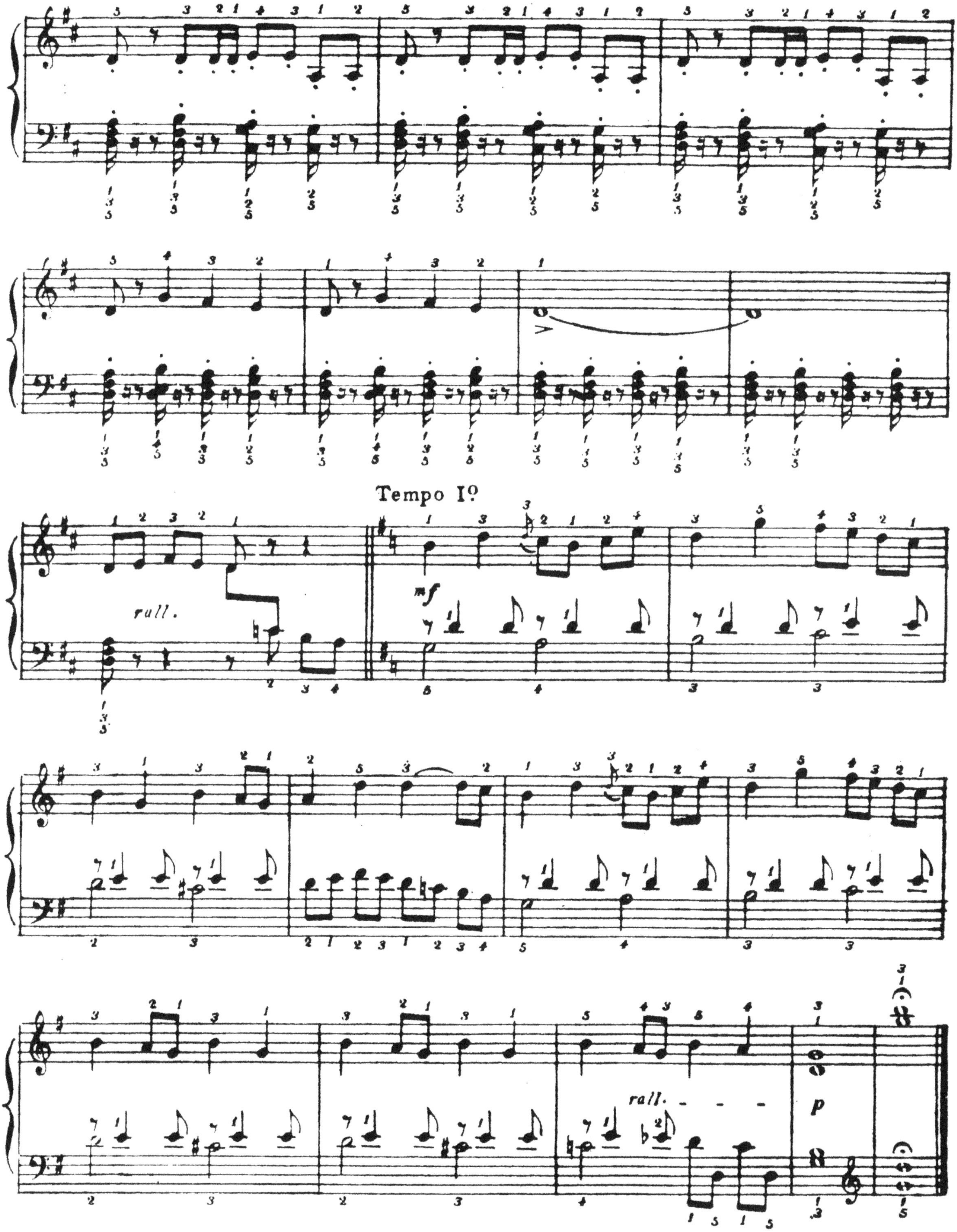

rall.
Tempo I°
mf
rall.
p

Vamos ver a Mulatinha

H. Villa-Lobos
Rio, 1926

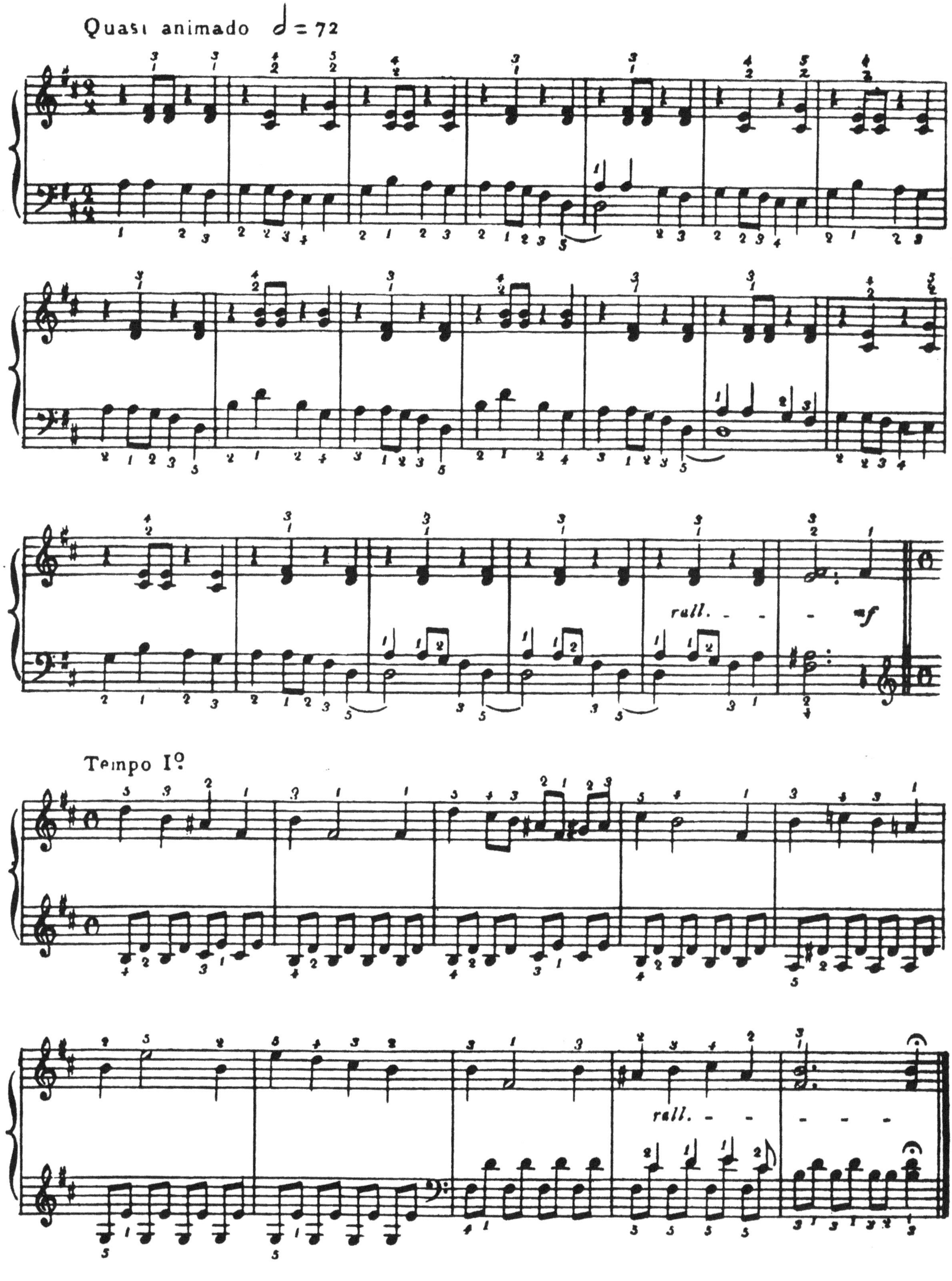
Quasi animado 𝅗𝅥 = 72
rall.
mf
Tempo Iº
rall.

Carneirinho, carneirão

H. Villa-Lobos
Rio, 1926

Menos ♩ = 88

À Miguy Azevedo

A canoa virou

Dedilhada pela professora Lucilia Eugenia de Mello

H. Villa-Lobos
Rio, 1926

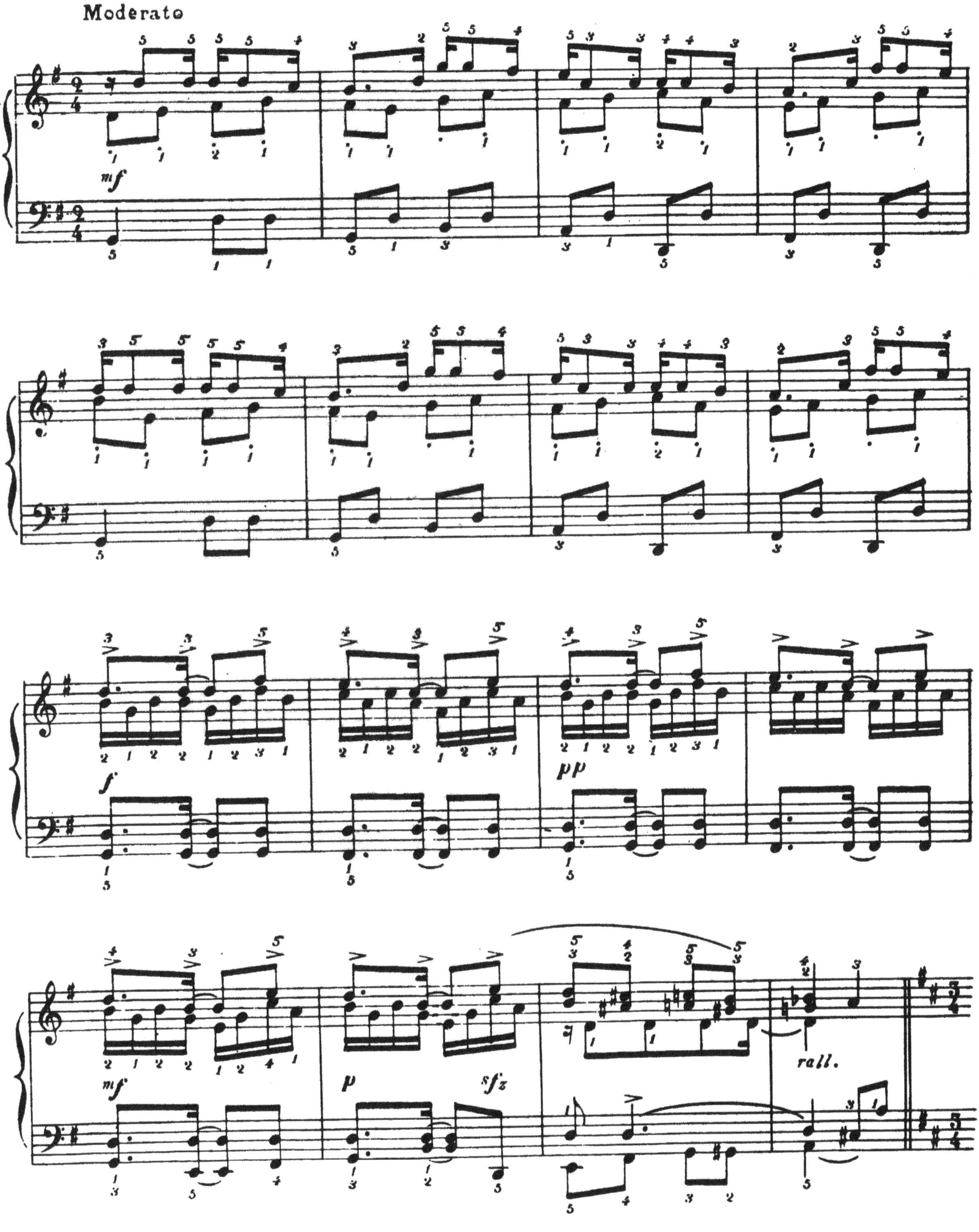
Moderato
mf
f
pp
mf
p
sfz
rall.

Andantino
mf cantando
p
rall.
moderado
rall.
Andantino
rall.
f

Á Guiomar de Salles Penteado

Nesta rua tem um bosque

Dedilhada pela professora Lucilia Eugenia de Mello

H. Villa-Lobos
Rio, 1926

Mais movido

O PIANO E A CRIANÇA

Á Anna Maria Novaes Pinto
Lindos olhos que ela tem
Dedilhada pela professora Lucilia Eugenia de Mello

H. Villa-Lobos
Rio, 1926

Mais movido

Muito lento

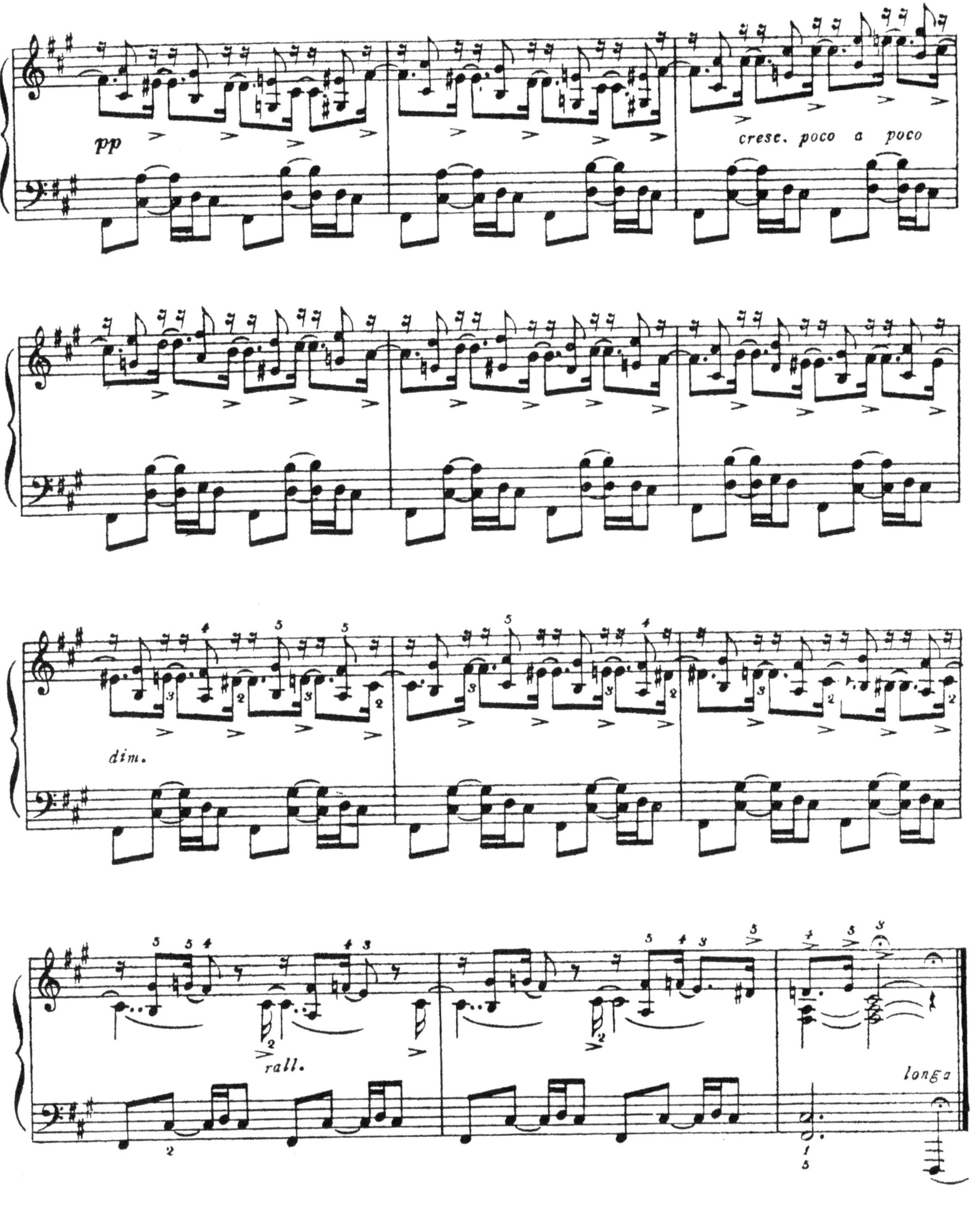
pp
cresc. poco a poco
dim.
rall.
longa